Sí, yo soy capaz de superarme

Sí, yo soy capaz de superarme

Myriam Bartolomé Diez

© Obra: SÍ, SOY CAPAZ DE SUPERARME
Primera edición: Noviembre, 2025

© Autora: Myriam Bartolomé Diez
ISBN: 978-84-15408-74-1
Depósito Legal: M-24427-2025

Ilustración de portada: Beatriz de Bartolomé

© Editado por MUSIVISUAL
Gestión, promoción y distribución: Límbica Ediciones S.L.
C./ Puentelarra, 68, 2º A, 28031 Madrid. España.
Tlf: 0034 91 3117696 // Email: pedidos@limbicaediciones.es
www.visionnet-libros.com

¡¡Sí que puedes!!

Somos capaces de mucho más de lo que creemos. Esta es mi verdad y quiero compartirla con vosotros.

Este manual de autoayuda es para superarse e intentar definir el término «capacidad de superación». No es un manual muy extenso, pero sí profundo. Está escrito para que el lector se sienta más feliz y reflexione sobre la monotonía de la vida diaria.

Dejar de ser pasivos para ser activos. 1,2,3… ¡¡Acción!!

Dedicado a aquellas personas que piensan que tienen disminuida su capacidad de superación, pero abren caminos para aumentarla.

Y, en especial, agradecer de todo corazón a mi querida prima Berta; gracias a su generosidad, ha sido posible cumplir mi sueño de intentar ayudar a los demás a través de mi propia experiencia.

Un cielo despejado, el azul del océano, la inmensidad del sol…

Una cuartilla en blanco donde empezar a escribir objetivos…

Un velero que navega en busca del sol que le ilumina…

¡¡Empieza ya!!

Una vida espiritual… llena de armonía y felicidad.

Iza las velas y no tengas miedo a fracasar, únete al mar de la capacidad de superación.

La capacidad de superación…,

¿incapacidad de superación o pereza? Valentía es mi respuesta.

Falta de motivación, la realidad de lo posible.

Te vuelves vaga, sin ganas de nada, sin ilusión…

Diversidad de la mente, inmensidad del alma.

Hay que motivarse, ponerse metas que puedas alcanzar y mantener en el tiempo y espacio.

La constancia da sus frutos.

¡¡Sí que puedes!!

La capacidad de superación es querer dar un paso y querer dar otro más de manera instintiva, crecer un poco y luego más y más.

¿La capacidad de superación tiene límites? Los que tú establezcas con tu identidad, tu sello y tu valía.

Debes analizarlo…

Si sabes lo que hay que hacer, ¿por qué no empiezas a actuar?

¿Cómo medir el estado de incapacidad de superarse sin medir el estado de ánimo?

Sonreír te hace capaz; la felicidad y el bienestar te hacen llegar al cielo sin apenas pretenderlo. Es lo que te llevas de esta vida.

No tiembles; el temblor es inseguridad.

***

Estírate y coge aire cuando la mente se encrudezca.

La capacidad de superación te la brindas tú.

***

Da luz a tu vida, una amplia paleta de colores, desde el negro al luminoso blanco.

No sé qué es mejor: ¿subir o bajar?, ¿nadar o bucear?

* * *

Pisa firme.

Ya sabes que querer es poder.

De tu vida pasada, tan solo quédate con los buenos recuerdos. ¡Rocíate del amor de tu familia y tus amigos! Repite de nuevo: ¡¡Sí que puedo!!

¡¡Sí que puedo!!

Subir a lo alto de un rascacielos,

saltar una ola e ir a por otra en un mar embravecido,

escribir un libro,

subir a un árbol

o saltar la barrera de la razón.

No te quedes aletargado, ponte las pilas.

Y si ves que no puedes, te quedas a medio camino, orgulloso de lo que has conseguido frente a ese mar embravecido.

Prémiate por tus logros siempre, pero no bajes la guardia.

La capacidad de superación nace, pero hay que ser perseverante porque puede crecer, depende de tu esfuerzo y dedicación hacia ella.

La capacidad de superación es poner el mundo a tus pies, lanzar una cometa al cielo y que suba al infinito.

No olvides quererte siempre, mírate al espejo y repite: «¡Sí que puedo!». ¡Vamos!

Dile no al conformismo. La inteligencia se cultiva, pero también se atrofia si no la trabajamos.

∗ ∗ ∗

No confundas pasotismo con ignorancia.

Recuerda que hay que cuidar la capacidad de superación, sembrar para luego recoger. ¡Acuérdate!, depende de ti…

No busques que tu entorno lo entienda, el protagonista de esta obra eres tú.

Un paso lleva a otro paso y el fin siempre será disfrutar.

No consientas que te menosprecien, ensalza tu valía: tus momentos encendidos.

Nadie es más que nadie por mucha capacidad de superación que se tenga.

Haz siempre lo que tengas que hacer sin prejuicios ni etiquetas, el avance es tuyo.

Piénsalo, la vida sin ningún problema es algo aburrida. De la adversidad se aprenden muchas cosas para un futuro prometedor. Supera las dificultades, que sacan lo mejor de uno mismo.

¡Sí se puede!

La capacidad de superación crece con las experiencias de la vida, tanto las positivas como las negativas.

El reflejo del cristal, su transparencia, es la capacidad que se ha de perseguir.

Crees que ya no vas a volar, pero mira tu realidad, pon un pie en el vacío y otro en tierra firme.

* * *

La vida siempre gana, sé fuerte ante la adversidad.

La verdad de lo posible…

* * *

Sé fuerte.

Sí, soy capaz de superarme.

El agua cristalina, la profundidad del mar, los estadios del alma y un velero con el que navegar por esos mares de ensueño aumentan la capacidad de superación.

Eres dueño de tu destino y no sabes hasta dónde puedes llegar.

***

Iza la vela, no tengas miedo a fracasar.

Sentirse sano como el agua salada del mar.

Como dice la canción: «Me olvidé de vivir». Recupera tu fuerza y tu capacidad de superación, ten mucha tranquilidad.

Inspira y llena tus pulmones de inmensidad. Llega a lo más alto, derrochando alegría y positividad.

***

Abre bien la puerta de tu mente y tu pensamiento.

Trabajo y esfuerzo te llevarán a un buen fin.

Paz y amor, vuelvo a insistir, lo mejor de tu vida.
Un espacio donde recargar pilas.

Tu lugar es ese en el que puedes crecer y sentir tranquilidad, paz, sosiego y algo más.

Únete al tren de la superación y engrandece tu alma.

Dulcifica tu paz y llena el mundo con la esencia del mar.

Descifrar tu espacio y verdad es algo muy íntimo, personal y difícil. Aumenta tu capacidad de superación.

Es tu reto en la vida progresar y elevar tu autoestima usando la razón.

Hay cosas en la vida que hay que saber procesar, la capacidad de superación toca el corazón.

La capacidad de superación es llevar a la práctica un mensaje liberador de espíritu: este es mi mensaje, es una conexión entre lo que quiero decir y lo que digo.

Como un paseo en globo sobrevolando Madrid, impúlsate a hacer más cosas y te alegrarás. Cuantas más cosas bonitas haces, más quieres seguir haciendo.

La vida es un momento.

***

Sí, soy capaz de superarme.

Siéntete útil.

Cuando tengas un problema y te vayas a dormir, piensa que todo se va a arreglar.

A flor de piel,

me olvidé de vivir los detalles pequeños y cumplir un deseo haciendo magia, mucho de todo lo que me haga vibrar.

La capacidad de exprimir todo el jugo de la vida.

Para lograr capacidad de superación, hay que tomar perspectiva.

Todo es posible.

No poner límites y dejarse fluir.

Es como si fuera magia, sacar hacia delante lo que hay detrás.

Supérate al máximo.

Conversa con la gente, sacarás ideas y conclusiones que te harán encauzar tu vida hacia lo correcto.

Contrasta opiniones y llegarás a un resultado final que te hará crecer como persona, sembrando semillas en el camino de tu vida.

Sé feliz y harás feliz a los que te rodean. La felicidad se contagia y el buen humor acaba con las actitudes negativas.

Siéntete libre, no te pongas límites, salvo cuando sea necesario parar, y amplía tu zona de confort.

Tienes un mundo maravilloso por descubrir en tu interior.

Analízate primero antes de actuar, no seas impulsiva. Usa la razón y acertarás.

$$* * *$$

No anticipes nada.

Aléjate de las personas tóxicas que te absorben la energía y dificultan tus avances.

Establece un orden de prioridades y horarios en tu vida y triunfarás.

Traza bien tus objetivos y vuélvelos a releer. Rodea con un círculo los que hayas conseguido y revisa que se mantienen en el tiempo.

Y los que quedan por alcanzar… ¡¡A por ellos!!

Y disfruta de tus progresos cada día.

Empodérate y repite:

«Sí, soy capaz de superarme».

Cuida tu salud, tu organismo es lo que te ayudará a expresar bien tu mente.

Somos un todo.

Es el motor de tu vida, cuida tu mente y tu salud.

- Oxigénate y haz deporte.

- Fuera obsesiones.

- Cuanto más hagas, más querrás hacer.

- Dejarás de rumiar pensamientos negativos que son obstáculos en tu avance.

- El trabajo y el esfuerzo ocuparán tu mente y te ayudarán a cumplir objetivos.

- Recuerda, somos un todo.

- Procura ser más independiente y delimita tu espacio. Guárdate tu intimidad como si fuera el cofre del tesoro.

- Resérvate algunas cosas que constituirán tu propia identidad e independencia.

- No te apegues tanto a lo material, lo más importante es mantener tu espíritu lleno de felicidad.

- Empatiza con los demás y así lograrás una vida más solidaria.

Acércate al prójimo y multiplicarás esa felicidad.

Solidaridad + Dignidad + Felicidad + Capacidad de amar a los demás como si fuera a uno mismo = Sí, yo soy capaz de superarme

NOTAS QUE AYUDAN A AUMENTAR LA CAPACIDAD DE SUPERARSE

1. Huir de conflictos y no enfadarse si no hay un motivo de peso o importante.

2. Aprender a volar solo.

3. Gestionar la soledad.

4. Reconocer errores y subsanarlos.

5. Escuchar los consejos de la gente.

6. Adelgazar hasta un peso óptimo y mantenerlo.

7. Salud física y mental.

8. Hacer balance de la vida que llevamos.

9. Meditar cada pensamiento del manual.

10. No dejarse llevar por la pereza y la vagancia.

11. No teorizar, aplicarse el cuento.

12. Mantener una actitud positiva.

13. Tener paciencia, los resultados no son inmediatos. Todo lleva su tiempo.

14. Aceptar las críticas y aprender de los demás.

15. Aprender a decir no.

16. Dejar a un lado la pereza. Esta se repite porque es uno de los factores más importantes e influyentes. Ponerse a actuar ya.

17. Tener fuerza de voluntad: «Yo soy y lo voy a lograr».

18. Enfrentar situaciones difíciles.

19. Ponerse las pilas.

20. Fomentar la lectura y la escritura.

21. Ver películas y documentales.

22. Caminar y bailar.

23. Hacer deporte por lo menos tres veces a la semana.

24. Tener siempre la conciencia tranquila.

25. Perdonar y olvidar. Todos cometemos fallos.

26. Ser más comprensivos.

27. Ser fuerte.

28. Ayudar a los débiles.

29. Utilizar la razón.

30. Reflexionar y sacar la moraleja.

31. Ser responsables de nuestros actos y asumir las consecuencias.

32. No hacer compras compulsivas, el dinero está para lo necesario.

33. Ahorrar dinero para el futuro.

34. Viajar y aprender de otras culturas y hábitos.

35. Ser más culto y tener buenos hábitos diarios.

36. Aprender técnicas de relajación y practicarlas regularmente. Por un mar en calma, se navega mejor.

37. *Mindfulness.*

38. Ser amantes del arte y dejarse llevar por su belleza, como en un sueño. Escritura, pintura, música, escultura…

39. Reírse a carcajadas.

40. Animarse a soñar despierto, es gratis. Ya se sabe, la vida es un sueño, hay que disfrutarla.

41. Aceptar la muerte como algo natural. Vida y muerte son un ciclo, el ciclo de la vida. Todos tuvimos un día en el que Dios nos dio la vida; y el mismo Dios, un día, nos la quitará.

42. Practicar la religión católica y tener fe en Dios.

43. Compartir la dicha y la tristeza; la amistad y el amor se demuestran, sobre todo, en los momentos difíciles.

44. La influencia del mar, sus olas, sus playas, su arena, su brillo y sus tonalidades, que van cambiando por ser reflejo del cielo, maravillosamente bello e inmenso, como la capacidad de superación. El mar es salud para todos, despeja tu mente y la dulcifica. No me canso de mirarlo… Inspiración de pintores y escritores amantes del mar.

45. Tomar decisiones meditadas, sinceras y acertadas, que mejoren el estado de vida.

46. Reflexionar sobre mi comportamiento en el tiempo. Observar mi vida social y mis relaciones interpersonales y analizar si me conviene continuar o no con esa relación.

47. Dar largos paseos por la orilla del mar mejorará tu salud física y mental. El mar es un gran compañero. El rugido de sus olas al romper en la playa te hará sentir en calma y te ayudará a relajarte y sentirte mejor.

48. Fomentar la imaginación y la creatividad. Crear cosas y sensaciones da muchas gratificaciones, ayuda a desarrollar más los sentidos y a que te superes.

49. Tener un mundo interior y personal y cultivarlo con experiencias. Analizar virtudes, pero también defectos. El misterio atrae, no cuentes todo, guárdate tu intimidad, tus secretos y vivencias más privadas.

50. Pedir ayuda si tú o tu entorno la necesitáis.

51. Tomar el sol de forma moderada relaja y es muy placentero, sobre todo a unas temperaturas bajas e intermedias. En primavera, el sol es una delicia… Te dará energía y la tan necesaria vitamina D.

52. El sol ilumina tu camino y tu pensamiento; es tan intenso que nos refleja sensaciones divinas que elevan nuestro estado de ánimo y nos acompañan, nos hacen sonreír y hacen que nos sintamos capaces de superarnos.

53. Vencer miedos te hará más fuerte y te dará ánimos para continuar en la lucha.

54. Crecer como persona, aplicarse los logros conseguidos como parte de la superación y procesarlos en nuestro interior para avanzar.

55. Apostar todo lo que esté en mí para superarme y ser feliz.

56. El reflejo del sol es nuestra mayor fuente de energía y predispone a lograr más éxitos.

57. Aprender de los errores para saber qué camino tomar en situaciones posteriores.

58. Prevenir, andarse con cautela en cada paso que se da para superarse. Evitar retroceder en nuestro avance.

59. Ser una persona equilibrada y sentirse bien con uno mismo. Como el mar, cuando se está en calma, se navega mejor.

60. En esta vida, necesitamos el amor, como un rayo de sol, para poder crecer y avanzar.

61. Motivarse para un buen desarrollo personal.

62. La educación no es falta de carácter, es tener respeto hacia los demás.

63. Constancia, esfuerzo y alegría.

64. Vivir y dejar vivir.

65. Emprender un nuevo rumbo. ¡Amar la vida!